Kreuzer

Verzierwachs
Kreatives Gestalten

ENGLISCH
VERLAG

Die Deutsche Bibliothek – CIP-Einheitsaufnahme
Verzierwachs – kreatives Gestalten / Marilis Kreuzer. –
Wiesbaden: Englisch, 2001
ISBN 3-8241-1093-8

© by Englisch Verlag GmbH, Wiesbaden 2001
ISBN 3-8241-1093-8
Alle Rechte vorbehalten. Nachdruck, auch auszugsweise, verboten.
Fotos: Frank Schuppelius
Herstellung: Michael Feuerer
Printed in Spain

Inhaltsverzeichnis

Vorwort

Wachs ist eines unserer ältesten Kulturgüter. Es wird wegen seiner vielseitigen Verwendbarkeit geschätzt. Auch die Kerze ist seit Jahrhunderten in Gebrauch; ob einfach und schlicht ihr warmes Licht verbreitend oder als etwas Besonderes – als fantastisch verziertes Gebilde –, sie wird nie aus der Mode kommen.

Neben meiner beruflichen Tätigkeit als freischaffende Wachsbildnerin gebe ich seit Jahren Kurse und Fortbildungen im Gestalten mit Verzierwachs. Viele der Teilnehmer haben das Kerzenverzieren als „ihr" Hobby entdeckt. Denn das Material ist angenehm, weich und geschmeidig, leicht und vielfältig zu bearbeiten, reich an Farben und damit anregend für die eigene Kreativität. Das konzentrierte Arbeiten lässt für einige Stunden den Alltag vergessen.

Eine Schritt-für-Schritt-Anleitung soll Sie in den ersten umfangreichen Kapiteln des Buches vertraut machen mit Material und Werkzeug und Ihnen die wesentlichen Grundtechniken genau erklären. Darauf aufbauend werden Sie mit dem Erlernten bei den weiteren Kapiteln gut zurecht kommen. Ich wünsche Ihnen mutiges Beginnen, gutes Gelingen und Freude, sowohl Ihnen als auch denen, die von Ihnen beschenkt werden.

Marilis Kreuzer

Material und Werkzeug

Verzierwachs wird in vielen Sorten angeboten:

* einfarbiges Verzierwachs
* durchgefärbtes Verzierwachs als Mattsilber, Mattgold
* Gold, Seidenglanzgold, Silber, Seidenglanzsilber, Antikgold, Antiksilber
* Perlglanz in verschiedenen Farben
* Multicolor in vielen verschiedenen Designs
* Perlband in Gold und Silber, 2 und 3 mm breit
* Band in Gold und Silber, 1, 2, 3 mm breit
* Durchschreibefolie in Gold und Silber
* andere Formen und Designs von Verzierwachs

* Wachsmesser
* Schneidunterlage aus Metall, Glas, Marmor, notfalls Resopal mit Pergamentauflage
* Wachslineal aus Metall zum Schneiden von geraden Kanten
* Zeichenpergament
* Bleistift H1
* Spachtel
* Wachslack und flacher Haarpinsel
* ein Kissen
* Schreibtischlampe mit 100-Watt-Glühbirne
* Spiritus und Papiertücher zum Reinigen und Entfetten

Nützliche Tipps und Hinweise

Wenn man weiß, wie's geht, ist's nicht mehr schwer.

❁ Verzierwachs klebt auf Kerzen – allein durch Wärme und Druck – und auch auf anderen Materialien wie Glas, Spiegel, Plexiglas, Kunststoff, Metall, Holz usw.

❁ Sie brauchen warme und fettfreie Hände, ausreichend Licht und einen gut temperierten Raum sowie eventuell eine verstellbare Schreibtischlampe mit einer 100-W-Glühbirne. Sie dient als zusätzliche Wärmequelle.

❁ Bewährt hat sich ein Kissen mit kochfestem Überzug, gefüllt mit Reis, Granulat o. ä. zum Auflegen der Kerze, um beide Hände zum Arbeiten frei zu haben.

❁ Bleistiftgrafit verunreinigt das Wachs. Legen Sie deshalb die Zeichnung nie seitenverkehrt auf. Zur Sicherheit können Sie die Oberseite mit „oben" kennzeichnen.

❁ Korrekturen werden grundsätzlich immer auf der Kerze vorgenommen. Jedes ausgeschnittene Teil wird gleich auf der Kerze angebracht. So gibt es kein verwirrendes Puzzle.

❁ Gearbeitet wird das Motiv in der Regel vom Hintergrund aus. Darauf werden alle weiteren Teile aufgelegt. Um Luftblasen zu vermeiden, wird das ausgeschnittene Teil immer von der Mitte aus angedrückt, dann erst rollen Sie die Ränder nach außen ab.

❁ Zwischendurch mit der Spachtel Wachsreste von der Schneidunterlage entfernen.

❁ Bleistift rechtzeitig spitzen, sonst wird die Kontur auf dem Verzierwachs zu breit und das ausgeschnittene Teil zu klein.

❁ Die angegebenen Farben für das Verzierwachs können Sie nach Ihrem Geschmack und Ihren Vorstellungen verändern.

❁ Sollte helles oder einfarbiges Verzierwachs durch Bleistift oder durch anderes Wachs verunreinigt sein, lassen Sie das Motiv abkühlen. Dann können Sie mit dem Wachsmesser vorsichtig die Stelle abschaben oder mit einem spiritusgetränkten Papiertuch abreiben.

❁ Wachslack versiegelt und verhindert Kleben und Verschmutzen.

❁ Der Lackpinsel lässt sich durch Abreiben mit einem Tuch oder mit Spiritus reinigen.

❁ Spiritus hält die Hände fettfrei.

❁ Schneidunterlage, Messer, Lineal und Spachtel lassen sich mit dem Fön reinigen, der die Wachsreste aufweicht, sodass sie leicht abgewischt werden können.

❁ Betrachten Sie Ihr Werk aus einiger Entfernung. So gewinnen Sie einen besseren Gesamteindruck und entdecken Fehler oder Schwachpunkte. Oder Sie sind entzückt, wie gut die Arbeit schon geworden ist.

❁ Sollten Sie Fragen zu Material, Techniken, Motiven und Werkzeug haben, wenden Sie sich bitte an den Verlag.

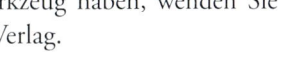

1. Einfache rote Blume

Material

❧ Kerze, 9 cm Ø, 18 cm hoch
❧ Verzierwachs in Elfenbein, Lindgrün, Hellrot, Schwarz
❧ Zeichenpergament

Anleitung

In den ersten Kapiteln zeige ich Ihnen Schritt für Schritt Arbeitsweisen, welche Sie im Buch immer wieder anwenden und variieren können.

Übertragen Sie das komplette Motiv vom Arbeitsbogen mit Bleistift auf das Pergamentpapier. Dann wird der Hintergrund vorbereitet.

Entfernen Sie das Schutzpapier vom Verzierwachs. Wenn die Schneidunterlage aus Metall, Glas oder Marmor besteht, lassen sich die ausgeschnittenen Teile leicht mit der breit aufgesetzten Spachtel abheben. Legen Sie das Pergamentpapier – Zeichnung ist immer oben – auf das Verzierwachs und fahren mit dem Bleistift nur die Umrisse des Hintergrundes nach. Dabei drückt sich die Kontur ins Verzierwachs ein. Beim Ausschneiden halten Sie das Wachsmesser wie einen Bleistift; so können Sie die Hand auflegen und erhalten einen ruhigen, exakten Schnitt. Schneiden Sie immer zu sich hin. Das Objekt soll

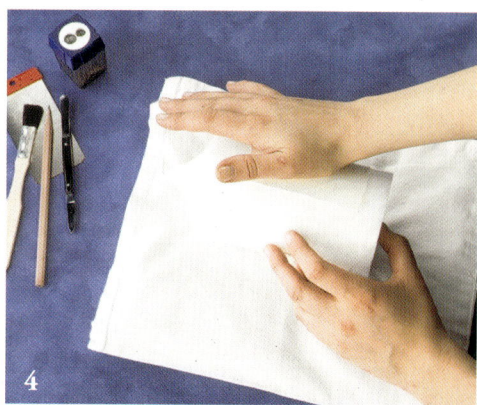

(bei Rechtshändern) links vom Messer sein, so dass das Messer von rechts zu führen ist. So haben Sie den besten Blick auf das Teil. Drehen Sie einfach die ganze Schneidunterlage immer ein Stück mit. Den Hintergrund mit der Spachtel ablösen und gleich auf der Kerze anbringen. Von der Mitte ausgehend nach außen mit der Handkante fest andrücken, so entstehen keine Luftblasen. Die hochstehenden Schnittränder am besten mit dem Mittelfinger von innen nach außen abrollen. Das Muster wirkt dann nicht so aufgeklebt, es schmiegt sich an und wirkt als Teil der Kerze. Wachsreste auf der Schneidunterlage entfernen Sie zwischendurch mit der Spachtel. Beginnen Sie nun mit dem untersten Blatt des Motivs. Pergament auf das grüne Wachs legen und mit Bleistift die Kontur übertragen, mit dem Wachsmesser entlang der entstandenen Kontur das Blatt ausschneiden. Zum Platzieren des ersten Blattes legen Sie das Pergament deckungsgleich auf den bereits angebrachten Hintergrund und markieren mit dem Bleistift einige Teile des Blattes. Das erleichtert das Auflegen an der richtigen Stelle. Dieses Markieren wird auch für spätere Motive von Nutzen sein. Das Blatt nun von der Mitte aus andrücken und die Schnittränder abrollen. In gleicher Weise arbeiten Sie auch die beiden anderen grünen Blätter. Für die Blüte markieren Sie den kleinen schwarzen Blütenstempel auf dem Hintergrund. Vom Pergament die Blüte auf das hellrote Verzierwachs übertragen und ausschneiden. Legen

Sie die einzelnen Blütenblätter erst leicht auf, um noch korrigieren zu können. Wenn Sie zwischen jedem Blütenblatt einen Abstand von ca. 1 Millimeter („Millimeterabstand") halten, wirkt die Blüte auch aus der Entfernung filigraner. Nach dem Andrücken werden mit dem Rücken des Wachsmessers die kleinen Einkerbungen angebracht, ebenso die Blattadern der Blätter. Hier vom Blattansatz im Schwung zur Spitze hin auslaufen lassen. Für die Umrahmung schneiden Sie vom Blattgrün, eventuell mit Lineal, dünne Streifen ab. Hier empfiehlt es sich, Pergament unterzulegen und die ganze Wachsplatte nach jedem Schnitt kurz anzuheben. So klebt nichts an und die dünnen Streifen lösen sich gut ab. Diese legen Sie entlang dem Hintergrund an und drücken sie vorsichtig fest.

Zum Abschluss das Motiv mit Wachslack versiegeln. Verwenden Sie hierzu einen breiten Haarpinsel. Der Lack trocknet in wenigen Minuten und den Pinsel wischen Sie mit einem Lappen ab.

Bei den nächsten Motiven finden Sie Tipps und Vorschläge zum Bearbeiten, die Ihnen helfen, bald freier zu gestalten, zu verändern, neu zu arrangieren oder Farben anders zu kombinieren – je nach Lust und Fantasie.

2. Gelbe Blume auf grünem Grund

Material

❧ Kerze, 9 cm Ø, 18 cm hoch
❧ Verzierwachs in Lindgrün, Laubgrün, Maisgelb, Weiß, Dunkelbraun
❧ Perlband, 2 mm in Gold
❧ Band 1 mm in Gold oder Schreibfolie in Gold
❧ Zeichenpergament

Anleitung

Übertragen Sie mit dem Bleistift das Motiv auf Pergamentpapier. Dann legen Sie das Pergamentpapier auf das lindgrüne Verzierwachs und umfahren den Hintergrund samt den überstehenden Blattteilen. Die überstehenden Teile gleich mit ausschneiden. Dies erleichtert das Ansetzen der Blätter an der richtigen Stelle. Zudem können die Blätter ohne „Knick" auf gleicher Ebene aufgelegt werden. Arbeiten Sie die laubgrünen Blätter der Reihe nach und legen jedes ausgeschnittene gleich an, dann entsteht kein langes Suchen.

Für die Blume legen Sie das Pergament deckungsgleich auf und markieren wieder einige Punkte der Blütenblätter. Erstes großes Blütenblatt auf Maisgelb legen, nachzeichnen und ausschneiden.

Da helle Wachsfarben auf dunklem Untergrund ihre Leuchtkraft einbüßen, empfiehlt es sich, Weiß unterzulegen. Deshalb legen Sie das ausgeschnittene Teil auf eine weiße Wachsplatte und drücken es fest an, damit es nicht verrutscht. Beide Teile dürfen sich nicht voneinander lösen. Dann schneiden Sie dicht am gelben Verzierwachs – Messer rechts vom Objekt führen – noch einmal um das Blütenblatt. Damit ersparen Sie sich wiederholtes Abpausen und das Ganze wird exakter, weil beim zweiten Schnitt „Ausgefranstes" gleich mit korrigiert werden kann. Dies brauchen Sie auch bei weiteren Motiven, bei denen Sie „aufdoppeln" wollen. Das große Blütenblatt nun auflegen, andrücken. Beim Abrollen wölbt sich die obere Wachsschicht über die darunter liegende und das Blatt wirkt gleich plastischer.

Arbeiten Sie auf gleiche Weise die übrigen Blütenblätter, und halten Sie den Millimeterabstand ein. So wirkt die Blume zarter.

Kerben Sie höchstens 2 bis 3 Adern ein. Für das Blütenkörbchen drehen Sie in der Handfläche ein Stückchen weichgeknetetes braunes Verzierwachs. Je stärker der Druck, mit dem Sie die kleine Kugel aufdrücken, desto größer wird das Blütenkörbchen. Mit dem goldenen Millimeterband legen Sie die Zahlen oder benützen goldene Schreibfolie. Der Hintergrund wird mit goldenem 2 mm breitem Perlband oder mit einem dünnen Streifen Laubgrün gerahmt.

3. Taufkerze Taube und Wasser

Material

❧ Kerze, 7 cm Ø, 25 cm hoch
❧ Verzierwachs in Weiß, Mittelblau, Enzianblau, Antikgold
❧ Band, 1 mm oder 2 mm in Gold
❧ Zeichenpergament

Anleitung

Hier wird das Aufdoppeln vertieft. Übertragen Sie den Hintergrund so vom Pergament auf das Verzierwachs, dass Sie die überstehenden Teile wie Heiligenschein, Teile der Wellen, Schwanz- und Flügelspitze mit umfahren und dann ausschneiden. Dies erleichtert als Markierung das Ansetzen der überstehenden Teile und diese können, wie zuvor erläutert, ohne Knick auf gleicher Ebene aufgelegt werden. Der Schwerpunkt des gesamten Motivs soll unterhalb der Kerzenmitte liegen. Faustregel: Über dem Motiv ⅔, unter dem Motiv ⅓ freilassen. Nach dem Anbringen des Hintergrundes den Heiligenschein ausschneiden. Aufdoppeln: Die Taube ohne den unteren Flügel durchzeichnen, ausschneiden und gleich wieder auf das weiße Verzierwachs legen, andrücken, damit das Teil nicht verrutscht und ausschneiden.

Sie ersparen sich nochmaliges Durchzeichnen und das Ganze wird exakter, weil „Ausgefranstes" beim zweiten Schnitt gleich korrigiert werden kann. Dieser Vorgang lässt sich, wenn Sie mögen, ein weiteres Mal wiederholen. Taube gut von der Mitte aus andrücken. Beim Abrollen der Ränder

wölbt sich die obere Schicht des Verzierwachses über die darunter liegenden und die Taube wirkt dadurch plastischer. Den unteren Flügel arbeiten Sie eine Schicht weniger als die Taube. Mit 1 mm Abstand ansetzen.

Anschließend die Wellen durchzeichnen, ausschneiden – wenn Sie mögen, ebenfalls doppelt. Dünne Goldstreifen verstärken die Bewegung der Wellen.

Für das Kreuz ein 2-mm-Band von unten nach oben komplett über das Bild legen – damit die Längsachse „stimmt". Andrücken, wo der Kreuzbalken liegen bleibt, dazwischen abtrennen und dann den Querbalken aus dem abgetrennten Streifen darüber legen.

Zum Schluss rahmen Sie mit Perlband nur den blauen Hintergrund ein. Die Namen aus 1- oder 2-mm-Band formen, dabei die Buchstaben eng aneinander reihen. Mit Wachslack versiegeln.

4. Taufkerze Dreifaltigkeit

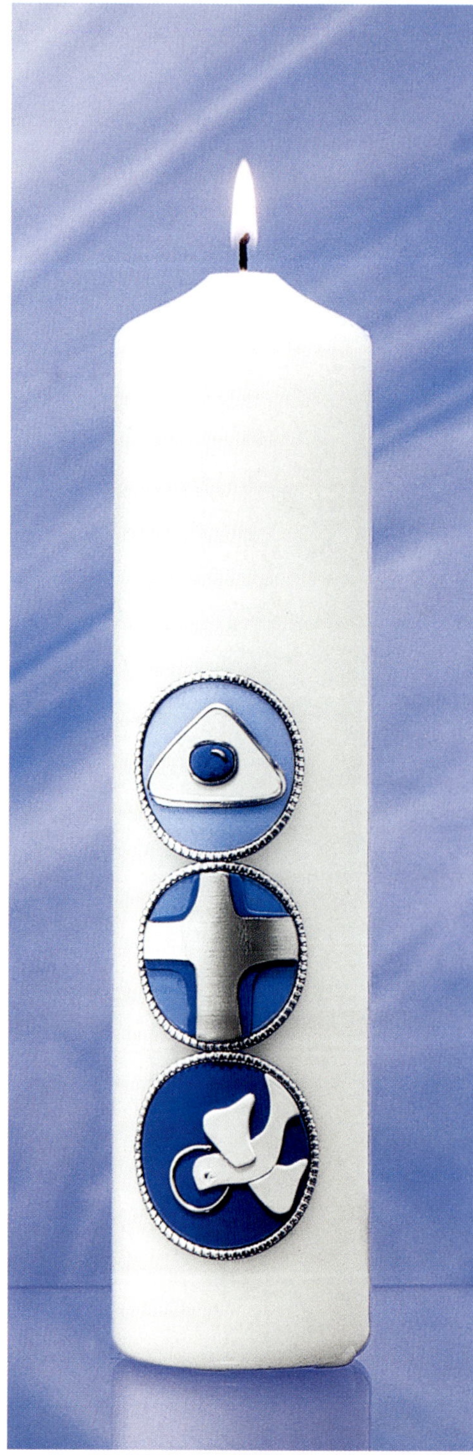

Material

❖ Kerze, 6 cm Ø, 25 cm hoch
❖ Verzierwachs in Weiß, Silber seidenmatt, Lichtblau, Mittelblau, Enzianblau
❖ Perlband, 2 mm in Silber
❖ Zeichenpergament

Anleitung

Für die Kreisflächen können Sie eine Schablone, ein Glas oder ähnliches verwenden oder frei Hand abzeichnen. Beginnen Sie nun das Dreifaltigkeitsmotiv mit dem oberen Kreis. Das Motiv durchzeichnen, ausschneiden. Für den Augapfel ein kleines Stück Verzierwachs weich kneten, in der Handfläche eine Kugel formen und aufdrücken. Mit dünnen Streifen aus Seidenglanzsilber einrahmen.

Den Kreis gleich mit Perlband einrahmen, dann fällt das Ansetzen des nächsten Kreises leichter. Dabei den Abstand für das nächste Perlband beachten!

Das Kreuz aus silbernem Verzierwachs ausschneiden, dieses auf Enzianblau legen, andrücken, damit nichts verrutscht und jetzt

2 oder 3 mm größer nachschneiden. Falls es Ihnen leichter fällt, legen Sie das silberne Kreuz auf, schneiden einen dünnen blauen Streifen ab und legen diesen an.

Die Taube ohne den unteren Flügel ausschneiden, anlegen, den oberen Flügel nochmals ausschneiden und darauf legen.

Den unteren Flügel mit 1 mm Abstand anbringen. Mit Perlband einfassen und lackieren.

5. Kommunionkerze Roter Krug – Brot – Fische

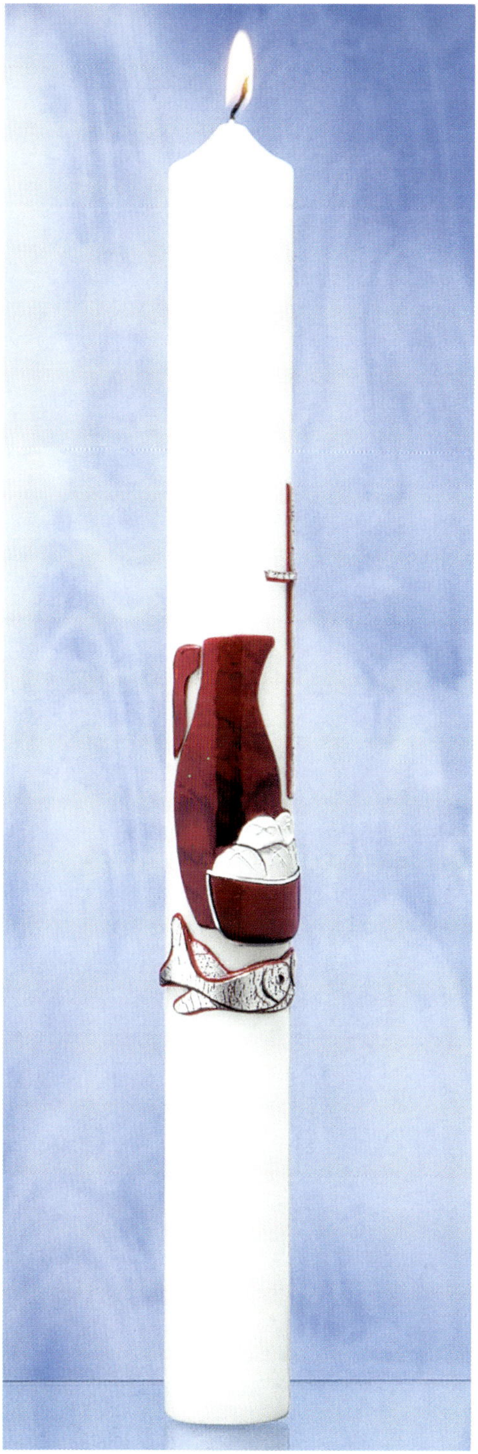

Material
- ❖ Kerze, 4 cm Ø, 40 oder 50 cm hoch
- ❖ Verzierwachs in Weinrot, Weiß, Antik- oder Rotsilber
- ❖ Zeichenpergament

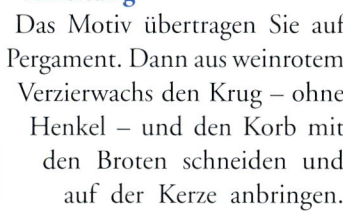

Anleitung

Das Motiv übertragen Sie auf Pergament. Dann aus weinrotem Verzierwachs den Krug – ohne Henkel – und den Korb mit den Broten schneiden und auf der Kerze anbringen. Den Henkel extra ausscheiden und anbringen. Arbeiten Sie den Korb doppelt. Die weißen Brote einzeln ausschneiden und so auflegen, dass ein 1-Millimeter-Zwischenraum entsteht. Das ergibt eine zarte, dunkle Kontur. Nun beide Fische miteinander als ein Stück aus Silber ausschneiden, auf weinrotes Wachs legen und 1 bis 2 mm breiter nachschneiden.

Den vorderen Fisch nun einmal in Silber arbeiten, auf Weinrot legen und so schneiden, dass wieder ein dunkelroter Rand sichtbar bleibt. Auflegen, abrollen. Augen und Kiemenbögen einkerben, sodass rotes Wachs sichtbar wird.

Das Kreuz zuerst aus einem breiteren weinroten Streifen legen und einen etwas dünneren silbernen darüber.

6. Kommunionkerze
Kelch – Traube – Blatt – Ähre – Brot

Material

❀ Kerze, 4 cm ⌀, 40 bis 50 cm hoch
❀ Verzierwachs in Gold, Naturgelb, Elfenbein oder Elfenbein-Perlglanz, Lindgrün, Laubgrün
❀ Perlband, 2 mm in Gold – eventuell Zierborte
❀ Zeichenpergament

Anleitung

Das Motiv mit Bleistift auf Pergament zeichnen. Den Hintergrund samt der überstehenden Teile von Blatt, Traube und Brot übertragen Sie vom Pergament mit dem Bleistift auf das Verzierwachs. Den Hintergrund gleich auf der Kerze breitflächig von innen nach außen fest andrücken, Ränder abrollen. Drehen Sie nun die beschichtete glänzende Seite von der Hintergrundfarbe um, sodass die matte Seite oben liegt, und arbeiten Sie daraus den Teller samt Kelchfuß und Brot und legen die Form gleich auf. Den Kelchfuß anschließend in Gold ausschneiden, auf naturgelbes Verzierwachs legen, andrücken und nochmals nachschneiden. An der vorgesehenen Stelle anlegen und abrollen. Ebenso das Brot zweilagig arbeiten. Dann den kompletten oberen Kelchteil auf Naturgelb durchzeichnen, ausschneiden und anlegen. Den vorderen Kelch – ohne Wein – zuerst aus Gold arbeiten, auf Naturgelb legen, andrücken und nachschneiden. Dieses Teil so auflegen, dass der Wein im Kelch sichtbar bleibt. Die Kelchrückwand mit einem dünnen Goldstreifen abschließen. Für die Trauben legen Sie zum Markieren das Pergament mit der Zeichnung deckungsgleich auf die Kerze und stechen mit dem Wachsmesser in die Mitte jeder Beere ein kleines Loch. So erhalten Sie eine schöne Traubenform. Nun schneiden Sie einen langen, circa 15 mm breiten Streifen vom Verzierwachs für die Trauben ab und teilen ihn in Quadrate ein. Ein Stückchen weich kneten, in der Handfläche eine kleine Kugel drehen und diese noch im weichen Zustand gleich auf eine Markierung drücken. Das gibt eine schöne, runde Beere. So verfahren Sie, bis die Traube fertig ist. Fingerabdrücke auf den Trauben lassen sich nach dem Erkalten der Beeren entfernen, indem Sie mit dem Finger leicht darüber wischen. Die Ährenform können Sie bei Bedarf ebenso markieren wie die Traube. Die einzelnen Körner lassen sich frei Hand leicht schneiden. Dieses Mal Pergament unter Gold legen, so lassen sich die kleinen Körner leichter mit der Messerspitze abheben. Das Messer oben ansetzen, im Halbkreis nach links bis zur Mitte unten führen, wieder oben ansetzen und rechts in einem Halbkreis nach unten verbinden. Mit etwas Übung gelingt dies bald recht gut. Um noch korrigieren zu können, erst leicht andrücken. Den Hintergrund wie auf dem Foto nach Belieben einrahmen.

7. Krokus

Material

- Kerze, 7 cm Ø, 25 cm hoch
- Verzierwachs in Hellflieder-Perlglanz, Flieder, Lila, Maisgelb, Laubgrün
- Wachsmesser oder Teelöffel
- Zeichenpergament

Anleitung

Neue Technik: Ton in Ton arbeiten. Mit Bleistift und Pergament das Motiv von der Vorlage übertragen, dabei die überstehenden Blüten und Blattteile mit erfassen – dies erleichtert später das genaue Auflegen. Den Hintergrund gut von der Mitte aus andrücken, die Schnittränder abrollen. Die Grundflächen für den Krokus links arbeiten Sie zuerst aus der Hintergrundfarbe. Gleich auflegen und andrücken. Das linke Blütenblatt wird doppelt gearbeitet, das mittlere dreifach, das rechte Blatt wieder zweifach. Das kleine hintere Blatt schneiden Sie nur einmal. Die Blütenblätter nacheinander im 1-mm-Abstand auflegen und jedes gleich gut abrollen. Die Zweifarbigkeit erreichen Sie mit dem dunkleren Verzierwachs durch folgendes Vorgehen:

Sie schneiden dünne Streifen von Dunkellila ab – höchstens 2 mm breit – denn weniger ist mehr. Legen Sie die Streifen an, wie auf dem Bild zu sehen, und drücken sie fest. Nun nehmen Sie die abgerundete Seite des Wachsmessers – es geht auch mit einem Teelöffel –, und streichen Sie das dunkle Verzierwachs langsam und gleichmäßig weit nach innen aus. Machen Sie zuerst einen Versuch auf Resten, es gelingt dann umso besser. Die gelben Blütenteile unterlegen Sie mit weißem Verzierwachs, dann behalten sie ihre leuchtend gelbe Farbe.

In gleicher Weise arbeiten Sie den zweiten Krokus. Dabei wird das linke Blütenblatt dreifach, das mittlere zweifach und das äußere – rechts – einfach gearbeitet. Dann schneiden Sie die grünen schmalen Blätter. Erst wenn sie auf der Kerze angedrückt sind, die Blattadern einkerben. Schneiden Sie von der grünen Wachsplatte dünne Streifen, und legen Sie diese als Rahmen um den Hintergrund. Mit Wachslack versiegeln.

8. Osterhase mit Ei

Damit machen Sie Kindern eine Freude

Material
- Wechselrahmen mit Glas, etwa postkartengroß
- Verzierwachs in Hellrot, Dunkelbraun, Lichtblau, Laubgrün, Orange, Weiß, Schwarz
- Waschbenzin und Haushaltsspiritus
- Zeichenpergament

Anleitung
Übertragen Sie das Motiv zweimal auf Pergament. Nehmen Sie das Glas aus dem Rahmen. Legen Sie eine Zeichnung unter das Glas. Diese dient als Markierung. Beginnen Sie mit dem Ei. Sie übertragen das Ei vom Zeichenpergament auf das rote Wachs – sparen aber Arm und Fuß aus. Gleich auflegen und andrücken, wie immer von der Mitte nach außen, um Luftblasen zu vermeiden. Das Hemd durchzeichnen, schneiden und gleich nochmals auf das lichtblaue Verzierwachs legen, andrücken und dicht um das Objekt herum schneiden. Einpassen in die ausgesparte Lücke am Ei. Die Hose ebenfalls doppelt legen. Den Kopf arbeiten Sie dreilagig, die Ohren nur doppelt. Die weiße Schnauze einmal auflegen und darüber eine kleine schwarze, in der Hand geformte Kugel als Nase aufdrücken. Dazu noch eine kleine rote Zunge. Für die Augen erst zwei weiße, etwas größere Kügelchen flach aufdrücken und zwei kleinere, schwarze Kügelchen darüber. Schneiden Sie die orangefarbene Rübe zusammen mit der Pfote komplett zweifach aus und legen darüber dann die braune Pfote. Die andere Pfote arbeiten Sie, genau so wie die Füße, doppelt. Die Hosenträger nicht vergessen.

Zum Reinigen des Glases tränken Sie ein Wattestäbchen mit Waschbenzin, dieses löst das Wachs an. Danach den Schmierfilm mit

Haushaltsspiritus und Papiertüchern, bzw. mit einem Lappen entfernen. Hase und Ei mit Wachslack überziehen und das Bild wieder einrahmen. Das Ganze können Sie genauso gut auch einlagig, also ohne aufzudoppeln, arbeiten.

9. Osterei mit Schleife

Material

❀ Kerze, 8 cm Ø, 14 cm hoch
❀ Verzierwachs in Rot, Pink, Flieder, Flieder-Multicolor, Lila, Laubgrün
❀ Zeichenpergament

Anleitung

Übertragen Sie die Vorlage mit Bleistift auf Zeichenpergament. Dann wird das Ei auf das rote Verzierwachs übertragen, ausgeschnitten und nochmals auf das rote Verzierwachs gelegt. Drücken Sie es von der Mitte aus gut an, und schneiden Sie nochmals nach. Wenn Sie das Messer immer rechts vom Teil führen und bei Rundungen immer gleich die Schneidunterlage mitdrehen, können Sie ganz dicht am Teil schneiden. Das Ei dreilagig arbeiten. Beim Auflegen auf die Kerze von der Mitte aus gut andrücken und die Ränder abrollen; damit wölbt sich die oberste Wachsschicht über die darunter liegenden, und das Ei wirkt plastisch. Mit dem Wachsmesser die Rundungen notfalls korrigieren, zurecht schneiden und Überstehendes wegschaben. Als Nächstes das Band um das Ei aus mehrfarbig schillerndem Verzierwachs Flieder-Multicolor einmal ausschneiden und gleich auf einfarbiges fliederfarbenes Verzierwachs legen und andrücken. Dann schneiden Sie 2 mm breiter nochmals nach. Auf das Ei legen und andrücken, abrollen. Den Knoten dreilagig arbeiten, wobei die unterste Lage aus einfarbigem Flieder wieder etwas breiter nachgeschnitten wird. Die Schleife links zuerst aus einfarbigem Verzierwachs komplett ausschneiden und auflegen, den vorderen Schleifenteil aus Flieder-Multicolor schneiden, auf Flieder legen, andrücken und nochmals nachschneiden. Dieses Teil nun auflegen und abrollen. Ein dünner Streifen Multicolor schließt das Schleifenteil ab. Genauso verfahren Sie mit dem rechten Schleifenteil. Die Bänder arbeiten Sie wie am Band um das Ei beschrieben. Die Blumen sind winzig kleine Kügelchen, die beim Andrücken größer werden. Deshalb: Je zierlicher, umso besser. Die Falten rund um den Knoten mit dem Messerrücken einkerben. Soll die Schleife noch plastischer wirken, können Sie den jeweils vorderen Teil der Schleife dreifach arbeiten.

10. Osterkerze Auferstehung

Material

❖ Kerze, 7 cm Ø, 30 cm hoch
❖ Verzierwachs in Weiß, Karmin, Haut, Gold, Braun, Schwarz oder Schwarz-Multicolor (Wurzelholzmuster)
❖ Zeichenpergament

Anleitung

Die Vorlage übertragen Sie so auf das dunkle Verzierwachs für den Hintergrund, dass Sie den Teil des Heiligenscheines, den Arm, der die Fahne hält, sowie Mantelteil und Kleid unten mit ausschneiden. Gleich auflegen. Als Nächstes den Heiligenschein als ganze Scheibe anlegen, nur den Ansatz des Gewandes aussparen. Das Gesicht einschließlich der Haare in hautfarbenem Wachs dreilagig arbeiten. Die Haare auf braunem Wachs so großzügig umfahren und ausschneiden, dass sich die Haare am Hinterkopf beim Abrollen gut über das hautfarbene Wachs wölben. Nun das weiße Kleid ohne die Ärmel, aber mit dem vorderen Mantelteil aus weißem Verzierwachs durchzeichnen, ausschneiden, wieder auf weißes Wachs legen, andrücken, damit nichts verrutscht und nochmals nachschneiden. Auflegen und gut abrollen. Die Ärmel einmal arbeiten und mit 1 mm Abstand vom Kleid anlegen. Den vorderen roten Mantel einmal schneiden und darüber legen – abrollen, nach Belieben mit Goldband verzieren. Den rückwärtigen Mantelteil ebenfalls nur einfach ausschneiden und anlegen. Die Hände anbringen. Als Nächstes schneiden Sie einen dünnen Streifen Goldwachs ab und legen ihn als Fahnenstange von unten nach oben an – über die Hand hinweg, welche die Fahne hält, andrücken und erst dann die Hand aussparen. Danach richtet sich nun die Platzierung der Fahne, die sie einmal arbeiten und mit Goldstreifen einrahmen. Genau so können Sie das dunkle Grab mit einem 1- oder 2-mm-Band abschließen.

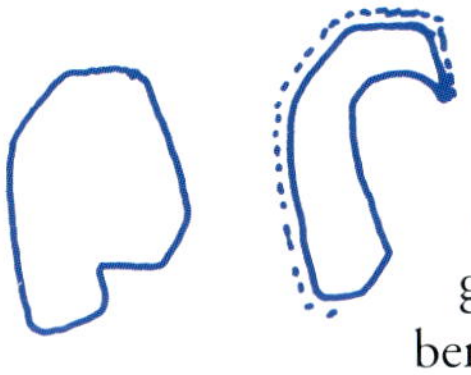

11. Dose mit Ball und Teddy

Material

❖ Spanschachtel, eckig, 10 cm
❖ Grundierung mit farbigem Sprühlack, Farbe beliebig
❖ Verzierwachs in Mocca, Weiß, Schwarz, Rot, Grün, Gelb, Blau, Ultramarin
❖ Zeichenpergament

Anleitung

Verzierwachs klebt grundsätzlich auf allen Materialien, die fettfrei sind. Das Verzierwachs soll warm und geschmeidig sein. Sie können die Spanschachtel vorher lackieren.

Nach dem Übertragen der Vorlage auf Pergament legen Sie dieses auf weißes Verzierwachs und umfahren die Umrisse von Ball samt Teddy – so können Sie die einzelnen Teile später besser markieren. Nun arbeiten Sie die einzelnen bunten Teile des Balles der Reihe nach einmal. Teile des Teddys aussparen. Die bunten Teile von der Mitte aus gut andrücken. Sollten kleine Lücken entstehen, lassen sich diese mit 1 mm dünnen schwarzen Streifen gut verdecken. Mit solchen schwarzen Streifen kann später der ganze Ball umrandet werden. Den Kopf des Teddys durchzeichnen, ausschneiden, nochmals auf moccafarbenes Wachs legen, andrücken, nochmals ausschneiden. Das Einpassen in den Ball fällt jetzt leicht, da die Umrisse des Teddys bereits als weißes Wachs sichtbar sind. Den Körper, die Füße und Arme des Teddys ebenfalls doppelt arbeiten und die Fußsohlen aus weißem Verzierwachs darüber legen. Die Ohren nochmals ausschneiden und anlegen. Die Arme im Millimeter-Abstand zum Körper anlegen. Kleine Kügelchen für die Knopfaugen und eine größere Kugel auf die aufgelegte weiße Schnauze drücken. Mit einem ganz dünnen Streifen Schwarz das Gesicht vervollständigen. Lassen Sie den Teddy fröhlich dreinschauen. Zum Schluss den ganzen Dosendeckel – also bis zum Rand – mit Wachslack überpinseln. Nach dem Trocknen, nach etwa drei Minuten, nochmals nachlackieren.

12. Ente auf grüner Kerze

Material
* Kerze, 7 cm Ø, 17 cm hoch
* Verzierwachs in Weiß, Orange, Schwarz
* Zeichenpergament

Anleitung

Falls Sie eine weiße Kerze verwenden, legen Sie ein Rechteck aus grünem Verzierwachs als Hintergrund auf, und Sie haben den selben Effekt. Die Ente vom Pergament auf weißes Verzierwachs komplett, mit Schnabel und Füßen, übertragen, schneiden, auflegen und gut andrücken, Schnittränder abrollen. Danach schneiden Sie den Flügel noch einmal aus und legen ihn auf. Den Schnabel in Orange einmal ausschneiden und auflegen. Weil der Schnabel bereits in Weiß aufliegt, behält das orangefarbene Wachs seine leuchtende Farbe. So arbeiten Sie auch die Füße. Ein kleines Stückchen schwarzes Verzierwachs weich kneten, in der Handfläche zu einer Kugel drehen und als Auge andrücken. Ein winzig kleiner weißer Fleck auf dem Schwarz belebt das Auge. Den Schnabel – wie auf der Vorlage – mit dem Messerrücken einkerben.

13. Kinder der Welt

Material

❖ dicke Kerze, z.B. 10 cm ⌀, 18 cm hoch, oder Bilderrahmen mit Glas

❖ Verzierwachs in Haut, Hellbraun und beliebigen Farben für die Kleidung

❖ Zeichenpergament

Anleitung

Jedes dieser Kinder kann auch einzeln auf eine Kerze oder in ein Bild gearbeitet werden. Die gestrichelten Linien auf dem Vorlagebogen zeigen dafür die entsprechenden Konturen.

Die Figuren werden von links beginnend einlagig gearbeitet. Japanerin: Legen Sie das ausgeschnittene Teil jeweils gleich auf die Kerze, sonst wird ein Puzzlespiel daraus. Leicht andrücken, um noch korrigieren zu können, die Ärmel mit Millimeter-Abstand zum Kleid, das wirkt auf die Entfernung klarer. Schärpe und Haarband werden darüber gelegt. Hände und Füße werden auf der weißen Kerze deutlicher, wenn Sie ganz dünne Streifen von hellbraunem Verzierwachs anlegen. Ist der angedrückte braune Streifen auf der Kerze zu breit geraten, mit dem Wachsmesser zuschneiden und abheben oder abschaben.

So verfahren Sie auch mit den anderen Figuren: Die Einzelteile durchzeichnen, die Kontur auf dem Verzierwachs nachschneiden und systematisch aneinander setzen. Es braucht etwas Geduld, aber die Mühe lohnt sich. Die Augen kann man mit einem Kugelschreiber als kleine Punkte ins hautfarbene Verzierwachs eindrücken, Nase und Mund mit hauchdünnen Streifen bilden. Die Verzierungen beim Poncho werden darüber gelegt, ebenso Knöpfe und Halskette als Kügelchen, sowie die Streifen auf dem lilafarbenem Tuch für das farbige Kind. Für die Gesichter würde es auch genügen, nur die Augen darzustellen.

14. Eule

Material
❀ Blaue Kerze, 7 cm Ø, 20 cm hoch
❀ Verzierwachs in Weiß, Hellbraun, Rotbraun, Grau, Schwarz, Lindgrün, Gelb
❀ Zeichenpergament

Anleitung
Legen Sie die Pergamentzeichnung auf weißes Verzierwachs und arbeiten Sie die ganze Eule erst in Weiß. Damit bleiben alle weiteren Farben in der Originalfarbe erhalten, weil das dunkle Blau der Kerze nicht durchscheinen kann. Dann beginnen Sie mit der hellbraunen linken Kopfpartie: Teil durchzeichnen, die Kontur nachschneiden, auflegen und andrücken. Das weiße Auge ausschneiden, drüberlegen und zuoberst aus schwarzem Verzierwachs eine kleine Kugel formen und als Pupille andrücken. Das Mittelteil des Kopfes aus grauem Wachs schneiden, gleich auflegen. Danach den rechten Kopfteil in gleicher Weise arbeiten. Nun fertigen Sie den grauen Bauch, schneiden ihn aus und legen ihn auf. Den gelben Schnabel darüber, der aber weiß unterlegt wird. Die braunen Flügel wirken plastischer, wenn Sie diese doppelt arbeiten und gut abrollen. Nun schneiden Sie vom braunen Verzierwachs einen schmalen Streifen für den Ast und legen ihn an. Den Schwanz schneiden Sie aus rotbraunem Verzierwachs. Er wird ebenfalls mit Weiß unterlegt. Die Krallen aus einem dünnen Streifen Schwarz erst auf der Kerze zurecht schneiden. Die grünen Blätter ausschneiden, ebenfalls auf Weiß legen und nochmals ausschneiden. Wenn Sie einen Rest Perlband haben, kleine Stückchen abschneiden, mit der Messerspitze anheben und als Sterne anbringen. Den Mond aus goldenem Verzierwachs oder mit Weiß unterlegtem gelben Verzierwachs schneiden.

15. Hochzeitskerze Schiff

Material

❧ Kerze, 7 cm ⌀, 26 cm hoch
❧ Verzierwachs in Antikgold, Weiß,
   Lichtblau, Enzianblau, Mattgold, Mocca
❧ Perlband, 2 mm, in Gold, Goldband, 1 mm
❧ Zeichenpergament

Anleitung

Das Symbol „Schiff" bedeutet: Man begibt sich gemeinsam auf große Fahrt in eine noch unbekannte Zukunft.

Motiv mit Bleistift auf Pergament übertragen. Den Hintergrund aus Antikgold komplett schneiden und gut andrücken. Das Hellblau des Himmels als ganzes Oval durchzeichnen, ausschneiden und auflegen. Das weiße Segel markieren Sie, indem Sie das Pergament deckungsgleich auf das blaue Oval auf der Kerze legen und einige markante Punkte mit Bleistift einkerben. Der Schiffsrumpf wird erst komplett auf Mattgold durchgezeichnet, ausgeschnitten und aufgelegt. Darüber wird die moccafarbene Vorderseite des Schiffes aufgelegt und gut abgerollt. Ein dünner Streifen Mocca dient als Rand am rückwärtigen Schiffsteil. Das gesamte Wasser durchzeichnen, dabei auch die Wellen gleich mitzeichnen, damit sich die Kontur eindrückt, nochmals auf Enzianblau legen, fest andrücken und nachschneiden. In die Konturen der Wellen Millimeterstreifen von Antikgold einlegen. Das Schiff ebenso mit Antikgoldstreifen verschönern. Für den Mast und die Trauringe verwenden Sie Goldband, Ringe formen Sie nach der Zeichnung. Ein Perlband umrahmt das Oval. Drei Reihen Perlband schließen das Ganze ab wie ein Rahmen das Bild.

16. Hochzeitskerze Rosen

Material
* Kerze, 8 oder 9 cm Ø, 28 cm hoch
* Verzierwachs in Dunkelrot oder Dunkelrot-Multicolor, Hellrot, Weiß, Laubgrün, Lindgrün, Elfenbein oder Elfenbein-Perlglanz
* Perlband, 2 mm, in Grün, Goldband, 1 mm
* Wachsmesser oderTeelöffel
* Zeichenpergament

Anleitung
Übertragen Sie die Pergamentzeichnung auf Elfenbein-Verzierwachs, und erfassen Sie die überstehenden Teile der Rosen und der Blätter gleich mit. Gleich von der Mitte aus auf der Kerze gut andrücken und die Schnittkanten abrollen. Neu ist die Mehrfarbigkeit der Rosen. Zuerst umfahren Sie nur die äußeren Umrisse einer Rose, die aus Dunkelrot oder rotem Multicolorwachs gearbeitet werden. Die Position der Rose auf der Kerze mit Hilfe des Pergamentes und mit einem Bleistift markieren, das Dunkelrot andrücken. Die einzelnen Rosenblätter sind doppelt gearbeitet, wobei die untere Schicht aus weißem Verzierwachs besteht. So gewinnt die Rose ihre Leuchtkraft: Die einzelnen hellroten Rosenblätter ausschneiden, auf Weiß legen, andrücken, dass sie gut haften bleiben, und ausschneiden.

Das Messer von rechts führen, so können Sie dicht am roten Blatt schneiden. Anlegen und gut abrollen. Für die dunklen Schattierungen schneiden Sie ganz dünne Streifen Dunkelrot und drücken sie dort an, wo Sie abdunkeln wollen. Mit der breit aufgesetzten abgerundeten Seite des Wachsmessers bzw. mit einem Teelöffel streichen Sie langsam nach innen zur Blattmitte hin weit aus. Dies bedarf ein wenig der Übung, deshalb versuchen Sie erst auf verschiedenfarbigen Wachsresten das Ausstreichen. So arbeiten Sie nacheinander die Rosen. Die grünen Blätter der Rose schneiden Sie einmal in Laubgrün aus. Übertragen Sie vom Pergament auf lindgrünes Wachs nach Belieben Blatthälften, schneiden diese aus und legen sie auf die dunkleren Blätter. In der Zweifarbigkeit wirken diese lebendiger. An den ovalen Hintergrund legen Sie ein grünes Perlband oder einen Streifen Grün und dazu ein Goldband. Die Ringe formen Sie erst aus dünnen grünen Streifen. Die Namen lassen sich gut aus einem dünnen (1-mm)-Band formen, dabei die Buchstaben eng aneinander legen. Behalten Sie hierbei das Band in ganzer Länge in der Hand, und schneiden Sie erst auf der Kerze jeweils das Band ab. Ein Druck mit dem Wachsmesser genügt. Zum Schluss mit Wachslack versiegeln.

17. Blaue Blumen

Material

❖ Kerze, 7 oder 8 cm Ø, 30 cm hoch
❖ Verzierwachs in Hellblau, Schwarz, Braun, Enzian
❖ Wachsmesser oder Teelöffel
❖ Zeichenpergament

Anleitung

Das Motiv auf Pergament übertragen. Arbeiten Sie von oben nach unten, Blüte für Blüte, so fällt das Einfügen der einzelnen Blüten leicht. Millimeter-Abstände zwischen den einzelnen Blütenblättern machen die Blüten duftiger. Die Farbabstufung der Blütenblätter erreichen Sie so: Schneiden Sie kleine Dreiecke (siehe Zeichnung)

aus Dunkelblau, drücken diese auf die hellblauen Blätter und streichen nur vom dunkelblauen Rand langsam nach innen aus. Weniger ist dabei mehr! Schwarz erst ganz zum Schluss einsetzen, da Schwarz sehr intensiv färbt und Rückstände in den feinsten Poren der Finger bleiben. Hauchdünne schwarze Streifen über die ganze Länge der Wachsplatte abschneiden und erst auf der Kerze entsprechend kürzen. Den braunen Wachsstreifen für den Stängel dort einfügen, wo Platz bleibt, weil er optisch weitgehend hinter den Blütenblättern verschwindet (zwischen Stängel und Blütenblatt 1 mm Abstand lassen).

18. Lila Fingerhut

Material

- Kerze, 8 cm Ø, 25 cm hoch
- Verzierwachs in Violett-Multicolor (Wurzelholzmaserung) oder Lila und Rosa, Oliv, Weiß, Laubgrün
- Zeichenpergament

Anleitung

Nach dem Übertragen des Motivs auf Pergament beginnen Sie erst mit den olivgrünen Blättern. Die dunklere Hälfte der Blätter auf Laubgrün übertragen, ausschneiden und auf die jeweiligen Blätter legen, andrücken und abrollen. Die Blüten werden der Reihe nach von unten nach oben gearbeitet. Den Umriss einer Blüte erst aus Rosa ausschneiden, auflegen und andrücken. Den oberen Teil einmal auf Violett-Multicolor oder Lila legen, ausschneiden, auf Weiß legen, andrücken und dicht am Objekt nachschneiden, damit Weiß nicht übersteht. Auf den rosafarbenen Blütenteil legen, abrollen. Mit einem dünnen Streifen Multicolor bzw. Lila die Blüte abschließen. Winzig kleine Pünktchen Schwarz mit der Messerspitze anbringen. Mit Wachslack versiegeln.

19. Blume und Raupe

Material
- ❖ Kerze, 7 cm Ø, 25 cm hoch
- ❖ Verzierwachs in Lindgrün, Laubgrün, Karmin, Schwarz
- ❖ Wachsmesser oder Teelöffel
- ❖ Zeichenpergament

Anleitung

Beginnen Sie mit den grünen Blättern. Die lindgrünen Blatthälften schneiden Sie extra aus und legen diese auf die dunkleren Blätter. Mit dem Messerrücken die Blattadern einkerben, vom Blattansatz zur Blattspitze. Legen Sie Ihr Pergament um die Kerze, und markieren Sie in entsprechender Höhe die roten Blumen. Diese können doppellagig gearbeitet werden. Im 1-mm-Abstand anlegen, gut andrücken und abrollen. Aus Schwarz kleine Dreiecke schneiden. Auflegen, andrücken und langsam mit dem Teelöffel ausstreichen. Für die Raupe je einen 0,5 cm breiten Streifen von den beiden grünen Platten abschneiden und zu Quadraten schneiden. Beginnen Sie am Ende der Raupe. Kneten Sie den kleinsten Teil des grünen Wachses weich, drehen in der Handfläche ein Kügelchen und drücken es im noch weichen Zustand an. Das zweite und alle weiteren Kügelchen so ansetzen, dass sie das unten liegende jeweils etwas überlappen. Wenn die Kügelchen gleich im weichen Zustand aufgedrückt werden, bleiben sie schön rund. Für den Kopf ein etwas größeres Kügelchen formen. Wenn die Raupe fertig ist, erst den dünnen Blumenstängel – es soll kein Baumstamm werden – von unten nach oben anlegen, an der Raupe vorbei zur Blüte. Die vielen kleinen Füßchen müssen nicht sein, die Raupe wirkt auch so. Es genügen die Fühler und ein fröhliches Gesicht aus hauchdünnen schwarzen Streifen.

20. Landschaft mit Regenbogen

Material
❖ Kerze, 7 cm Ø, 22 cm hoch
❖ Verzierwachs in Sonnengelb, Maisgelb, Naturgelb, Weiß, Hellblau, Mattsilber, Braun, Tanne, Hellrot, Olivgrün, Orange
❖ Perlband grün
❖ Zeichenpergament

Anleitung
Das Auflegen der vielen kleinen Einzelteile gelingt besser, wenn Sie das Rechteck des Hintergrundes erst aus weißem Verzierwachs ausschneiden und anlegen. Dann beginnen Sie oben mit den Sonnenstrahlen aus zweierlei Gelb. Aneinanderlegen und andrücken. Anschließend die Sonne aus Maisgelb ausschneiden und einfügen. Notfalls mit dem Wachsmesser die Strahlen innen korrigieren, um die Sonne gut einpassen zu können. Die weiße Wolke durchzeichnen, ausschneiden und anlegen – kann auch doppelt gearbeitet werden. Nach dem Auflegen des linken Teiles des Himmels beginnen Sie mit dem Regenbogen. Schneiden Sie über die ganze Länge der Wachsplatte einen höchstens 2 mm breiten Streifen ab. Legen Sie nun die Streifen von rechts oben nach links unten. Was übersteht, mit dem Messer abschneiden. Anschließend den Himmel fertig arbeiten. Sollte rechts außen der Himmel zu breit geraten sein, einfach auf der Kerze abschneiden. Wenn es Ihnen leichter fällt, schneiden Sie die gesamte übrige Landschaft erst in Olivgrün und legen sie auf. Dann die Berge aus Mattsilber einfügen und die übrigen Teile, wobei die olivgrünen Wiesen nicht mehr ausgeschnitten werden müssen. Zum Schluss ein grünes Perlband oder einen grünen Rahmen um das Bild legen.

21. Eberesche

Material
❖ Kerze, 7 bis 8 cm Ø, 28 cm hoch
❖ Verzierwachs in Olivgrün, Laubgrün, Orange, Dunkelbraun
❖ Zeichenpergament

Anleitung
Beginnen Sie mit den oberen olivgrünen Blättern. Möchten Sie zweifarbige Blätter, schneiden Sie aus Laubgrün eine Blatthälfte, auflegen, gut andrücken und Ränder abrollen. Um die Beeren richtig zu platzieren, legen Sie das Pergament deckungsgleich auf die oberen Blätter und stechen durch jede Beere mit dem Wachsmesser ein kleines Loch. So haben Sie auf der Kerze eine Orientierung zum Andrücken der Beeren. Aus Orange schneiden Sie einen ca. 1 cm breiten Streifen, und teilen Sie diesen in Quadrate, die Sie in der Handfläche zu je einem Kügelchen drehen. Jede Beere gleich im warmen Zustand auf die Kerze drücken, dann wird sie schön rund. Mit der Messerspitze etwas einkerben und zum Schluss winzige Stückchen Schwarz mit dem Messer vom Verzierwachs abschneiden und in die Kerbe legen. Ebenso verfahren Sie mit den übrigen Beeren. Anschließend folgen die Blätter. Für den Zweig und die Stiele schneiden Sie ganz dünne Streifen aus Braun, die Sie entsprechend dem Foto anlegen. Sollten einige Zweiglein nach dem Andrücken zu breit geworden sein, lassen sich diese mit dem Wachsmesser leicht teilen. Überflüssiges Wachs abheben.

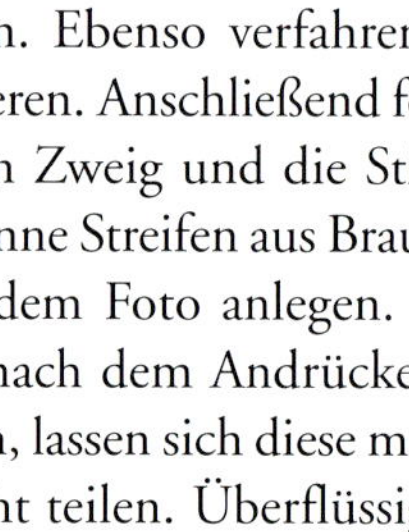

22. Vierjahreszeitenbaum

Material
* Kerze, 10 cm Ø, 22 cm hoch
* Verzierwachs in Laubgrün, Lindgrün, Dunkelbraun, Dunkelbraun-Multicolor (Wurzelholzmaserung), Hellbraun, Olivgrün, Hellrot, Rosa, Weiß
* Zeichenpergament

Anleitung

Zuerst werden der Stamm und die Äste aus Dunkelbraun-Multicolor ausgeschnitten, auf Dunkelbraun gelegt und nochmals ausgeschnitten, allerdings so, dass von der unteren Schicht ca. 1 mm sichtbar bleibt.

Die Wiese dreilagig arbeiten, Ränder gut abrollen. Der Baum wird nun von links nach rechts gearbeitet. Den Schnee legen Sie doppelt auf, die roten Äpfel dreilagig. Verteilen Sie die Äpfel zwischen den Ästen. Die Herbstblätter bei den reifen Äpfeln werden zuerst aus Olivgrün geschnitten, auf Hellbraun gelegt und so nachgeschnitten, dass nur eine Winzigkeit von Braun sichtbar bleibt. Legen Sie die Blätter erst leicht an; wenn Sie mit der Anordnung zufrieden sind, drücken Sie die Blätter fest. Die laubgrünen Blätter des Sommerteils sind mit Lindgrün unterlegt, das ebenfalls ein wenig sichtbar sein darf. Alle Blätter mit dem Messerrücken einkerben. Für die Blüten setzen Sie erst kleine weiße Kügelchen, um die Sie 5 rosarote Kügelchen anordnen. Die lindgrünen Blätter schneiden Sie frei Hand aus und fügen diese ganz nach Ihrer Fantasie an.

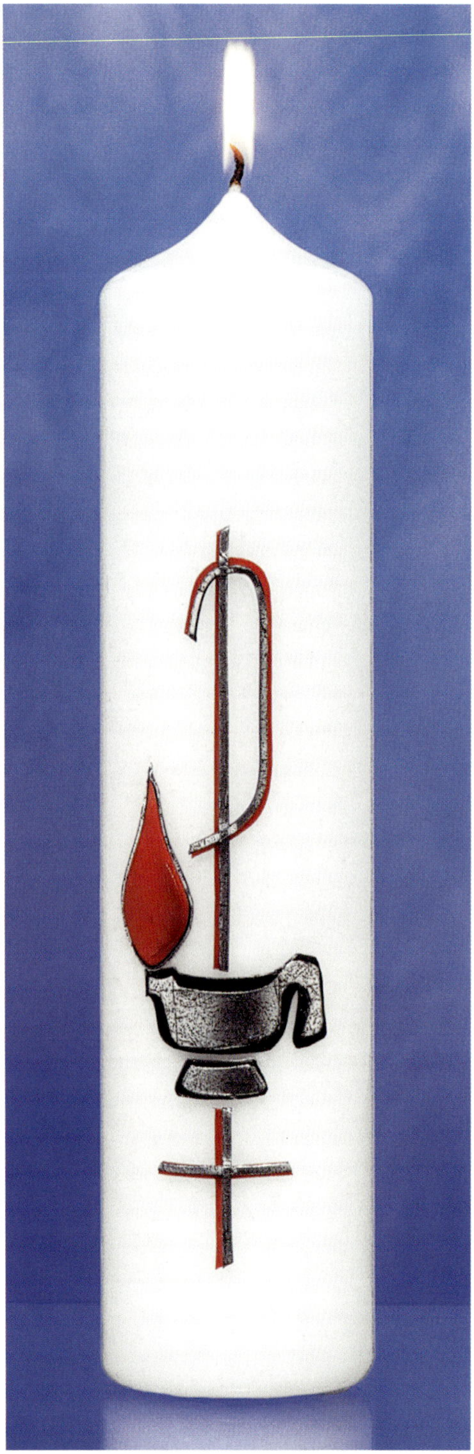

23. Trauerkerze

Material
- Kerze, 6 cm Ø, 25 cm hoch
- Verzierwachs in Karmin, Dunkelrot, Schwarz, Antiksilber
- Zeichenpergament

Anleitung

Es ist ein guter Brauch, diese Kerze bei der Trauerfeier anzuzünden und anschließend den Angehörigen mit nach Hause zu geben.

Schneiden Sie zuerst die Öllampe aus Schwarz. Auf der Arbeitsvorlage die äußeren Umrisse verwenden. Entsprechend tief auf der Kerze ansetzen, um ein längeres Abbrennen zu ermöglichen. Danach das aus Antiksilber geschnittene Teil auflegen und vorsichtig andrücken. Genau so arbeiten Sie den Fuß der Lampe. Diesen mit etwas Abstand zum oberen Teil anbringen. Die Flamme gestalten Sie aus Karmin, wenn Sie möchten auch zweilagig. Einen kleinen Streifen Dunkelrot anlegen, ausstreifen und die Flamme mit einem ganz dünnen Silberstreifen einfassen. Schneiden Sie einen etwa 3 bis 4 mm breiten Streifen aus Karmin und legen diesen über die Öllampe weg nach oben, und drücken Sie ihn dort an, wo er liegen bleiben soll. Schneiden Sie über und unter der Lampe den Streifen ab. Nun haben Sie eine gerade Längsachse. Darüber legen Sie einen etwas dünneren Streifen aus Antiksilber. Auf diese Weise vollenden Sie das Symbol für Frieden.

24. Dorf im Schnee

Material
❖ Kerze, 7 oder 8 cm Ø, 27 cm hoch
❖ Verzierwachs in Enzian- oder Nachtblau,
   Weiß, Mattsilber, Silberperlband, 2 mm,
   Silberseidenglanz
❖ Zeichenpergament

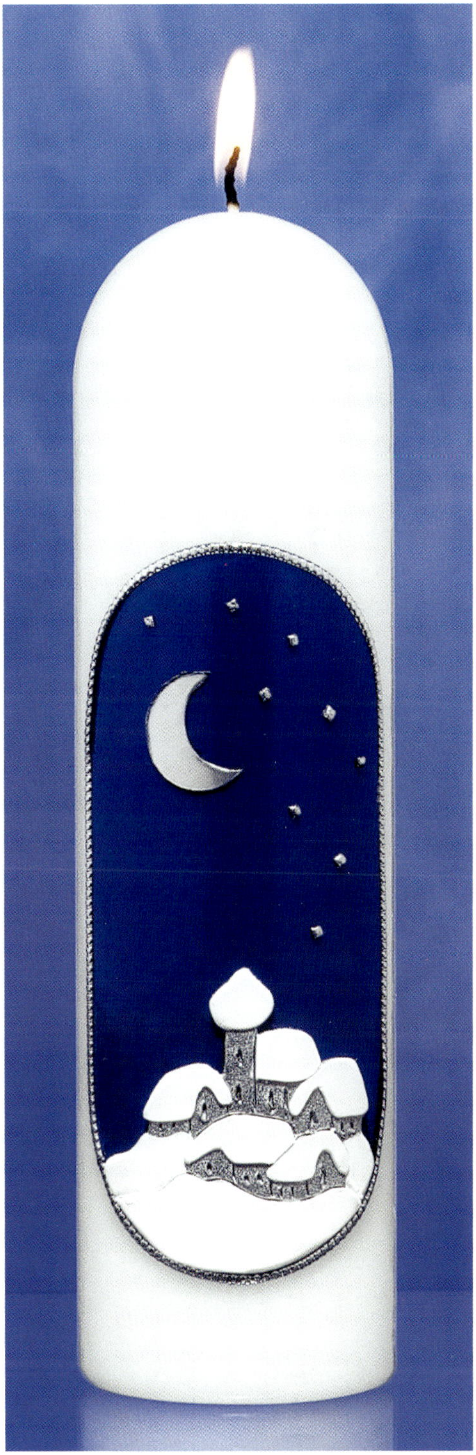

Anleitung
Den Hintergrund komplett aus Blau ausschneiden und andrücken. Als Nächstes übertragen Sie das gesamte Dorf mit Häusern und
Dächern und der Schneelandschaft auf Weiß.
Die Konturen der einzelnen Häuser zeichnen
Sie ebenfalls mit durch. Sie sollen sichtbar
sein. Die silbergrauen Häuser einschließlich
der Dächer ausschneiden, anbringen. Nun
brauchen nur noch die einzelnen Dächer aus
Weiß gearbeitet und aufgelegt werden. Die
kleinen Fenster und die Häuserecken kerben
Sie mit dem Wachsmesser ein, sodass Dunkelblau sichtbar wird.
Die Schneelandschaft im Vordergrund wird
nochmals aufgelegt. Silbernes Perlband um
das Oval legen. Vom übrig gebliebenen Perlband kleine Stückchen abschneiden, mit der
Spitze des Wachsmessers abheben und als
Sterne über den Nachthimmel verteilen. Den
Mond aus Silber fertigen.

25. Engel mit Trompete

Material

❖ hellblaue Kerze, 7 cm Ø, 18 cm hoch
❖ Verzierwachs Haut, Dunkelbraun, Gold,
   Weiß, Enzianblau
❖ Goldperlband, 2 mm
❖ Zeichenpergament

Anleitung

Sollten Sie keine hellblaue Kerze zur Verfügung haben, gestalten Sie den Hintergrund aus hellblauem Verzierwachs. Den goldenen Heiligenschein durchzeichnen oder mit einer Schablone fertigen. Den Kopf des Engels mitsamt den Haaren auf Haut übertragen, ausschneiden, nochmals auf Haut legen, festdrücken. Die Haare vom Pergament auf braunes Wachs übertragen, dabei die äußeren Umrisse etwas großzügiger schneiden, damit sich beim Abrollen das Braun gut über den Kopf wölbt. Das blaue Kleid mit Ärmel durchzeichnen, ein zweites Mal ausschneiden. Der Ärmel wird nochmals ausgeschnitten und aufgelegt. Den Flügel arbeiten Sie einfach. Die Trompete schneiden Sie als ein Stück und legen die Hände – doppelt gearbeitet – darüber. Auch die Wolken werden doppelt aufgelegt. Mit Resten von goldenem Perlband lassen sich Ärmel und Kleidersaum ausschmücken.

26. Kleiner Engel mit Stern

Material

- ❖ Kerze, 7 cm Ø, 22 cm hoch
- ❖ Verzierwachs in Mattgold, Haut, Antikgold, Weiß, Weißgold, Braun, Goldperlband, 2 mm
- ❖ Zeichenpergament

Anleitung

Hintergrund einschließlich der Wolke in Mattgold auflegen. Auf Weiß die Wolke samt dem Kleid des Engels auf den vorgegebenen Hintergrund arbeiten. Das Kleid einmal in Weißgold oder in einer anderen Farbe arbeiten, den vorderen Ärmel nochmals darüber legen. Den Kopf mit den Haaren zeichnen Sie auf hautfarbenes Wachs, zweilagig arbeiten. Darüber die braunen Haare am Außenrand etwas großzügiger schneiden, damit sich diese beim Abrollen gut über den Kopf wölben. Den vorderen Haaransatz nur wenig andrücken. Die beiden Flügel in Antikgold ausschneiden und einpassen. Den Stern aus Antikgold an einen ganz dünnen Wachsstreifen „hängen" und zuletzt nur den mattgoldenen Hintergrund mit Perlband einfassen. Umrahmen Sie die Wolke mit einem dünnen Streifen Antikgold.

27. Krippenkind

Material

❖ Kerze, 7 cm Ø, 30 cm hoch
❖ Verzierwachs in Nachtblau, Weiß, Haut, Braun, Mattgold, Gelb, Gold
❖ Perlband, 2 mm, in Gold
❖ Wachsmesser oder Teelöffel
❖ Zeichenpergament

Anleitung

Übertragen Sie den Hintergrund samt überstehenden Teilen von Heiligenschein, Stroh und Sternenschweif auf das nachtblaue Wachs. Schneiden Sie es aus und legen es auf der Kerze an. Breitflächig andrücken, dass keine Luftblasen entstehen. Den goldenen Heiligenschein durchzeichnen, ausschneiden und einfügen. Den Kopf arbeiten Sie dreilagig. Für die Haare einen gelben Streifen Wachs anlegen, andrücken und mit der breiten, abgerundeten Seite des Wachsmessers oder mit einem Teelöffel nach innen langsam ausstreifen. Als Nächstes den braunen Krippenteil einfügen. Das Stroh arbeiten Sie zweilagig. Mit dem Wachsmesser kerben Sie das Stroh ein, nicht zu zaghaft, damit es richtig plastisch wirkt. Die Decke auf Weiß übertragen, ausschneiden, noch einmal auf Weiß legen, gut andrücken und nachschneiden. Ein drittes Mal erhöht die plastische Wirkung. Andrücken und die Kanten gut nach außen abrollen. Die kleine Hand einmal darüber legen. Schneiden Sie dann zuerst den Sternenschweif, legen ihn auf, dann lässt sich der Stern leichter platzieren. Das Goldband links ist nicht notwendig. Das Bild, mit Perlband eingerahmt, wirkt auch ohne diesen Zusatz.

28. Weihnachtsstern

Material

* Kerze, 10 cm Ø, 30 cm hoch
* Verzierwachs in Karmin, Dunkelrot, Maisgelb, Laubgrün, etwas Tannengrün
* Goldband, 1 mm
* Zeichenpergament

Anleitung

Übertragen Sie das Motiv auf Pergament. Beginnen Sie mit der obersten Blüte, die Sie mit Bleistift auf Karminrot durchzeichnen und ausschneiden. Jede Blüte ist zweilagig gearbeitet. Setzen Sie die einzelnen Blütenblätter im Kreis um einen zuvor markierten Blütenmittelpunkt. Das Einhalten der Millimeter-Abstände zwischen den einzelnen Blütenblättern nicht vergessen! Mit Dunkelrot schattieren. Die Blütenmitte besteht aus winzigen gelben und grünen Kügelchen. Wenn die oberste Blüte fertig ist, arbeiten Sie das darunter liegende grüne Blatt, damit fällt Ihnen das Ansetzen der weiteren Blüten und Blätter leichter. Alle Blätter werden einfach gearbeitet. Schattieren Sie das Blatt mit einem dünnen Streifen Tannengrün, der am Blattrand angelegt und langsam zur Blattmitte hin ausgestrichen wird. Erst die mittlere Blattader einkerben, von dort aus die weiteren Adern zum Rand hin. Den goldenen 1-mm-Streifen erst mit einem etwas breiteren grünen Streifen unterlegen.

29. Dose

Material

❧ Spandose, ca. 15 cm Ø
❧ eventuell Lackfarbe in Gold oder Grün
  zum Grundieren
❧ Verzierwachs in Lindgrün, Laubgrün,
  Tannengrün, Maisgelb, Flieder, Lila,
  Mattgold
❧ Goldband, 1 mm,
  Perlband, 3 mm, in Gold
❧ 2 Blatt Zeichenpergament

Anleitung

Dieses Objekt ist ein kleines Geduldspiel, aber die Mühe lohnt sich. Die Dose kann zuerst in Gold oder Grün lackiert werden. Übertragen Sie den Hintergrund auf Pergament und auf ein zweites Blatt nur die Blüten und Blätter. Alle Teile des Hintergrundes werden doppelt gearbeitet. Damit kein Puzzlespiel entsteht, legen Sie jedes Teil gleich auf die Dose, drücken nur leicht an, um später noch korrigieren zu können. Markieren Sie auf dem Pergament jedes Teil gleich nachdem es gearbeitet ist. Wechseln Sie in den Farben ab, so dass sich ein Teil an das andere fügt. Wenn alle Teile liegen, fest andrücken und abrollen. Die Goldbänder werden erst eingelegt, wenn Blüten und Blätter aufgelegt sind. Die Blüten und Blätter werden ebenfalls doppellagig gearbeitet. Beginnen Sie mit einem grünen Blatt: Ausschneiden, wieder auf Grün legen, andrücken, ausschneiden. Dieses Blatt gleich auflegen und gut abrollen. Das nächste Blatt genauso arbeiten und beim Auflegen etwa 2 mm Abstand einhalten, um später das goldene 1-mm-Band um die Blätter und Blüten legen zu können. Arbeiten Sie systematisch Blüten und Blätter nach. Die gelben Blütenkörbchen als Kügelchen aufdrücken. Danach legen Sie goldenes 1-mm-Band um alle Blütenteile und um die Blätter. Ersatzweise können Sie von einer Goldplatte dünne Streifen schneiden und diese anlegen. Anschließend die „Mosaikteile" mit Goldband rahmen und das 3-mm-Perlband um den Rand der Dose legen. Lackieren Sie die Dose zweimal.

30. Spiegel

Material

* Spiegel nach Belieben, mindestens 35 cm hoch, 25 cm breit
* Verzierwachs in Pink, Dunkelrot, Olivgrün, Maisgelb
* Silberband, 1 mm
* Zeichenpergament

Anleitung

Auf der Arbeitsvorlage sind weniger Blätter gezeichnet, als das Foto zeigt. Sie können je nach der Größe des Spiegels erweitern oder variieren. Beginnen Sie links mit einem langen olivgrünen Streifen. Das Silberband wird erst später aufgelegt. Nacheinander werden nun von oben nach unten die doppelt gearbeiteten Blätter aufgelegt und gut abgerollt. Sind alle Blätter angebracht, umrahmen Sie diese mit 1-mm-Silberband, das Sie am Ansatz zum Stiel spitz zuschneiden. Ersatzweise können Sie von silbernem Verzierwachs ganz dünne Streifen schneiden und diese anlegen. Wenn alle Blätter gearbeitet sind, wird mit den pinkfarbenen Blüten begonnen. Die Teile der Blüten werden dreilagig gearbeitet. Ein Teil gut andrücken, abrollen und das nächste Blütenblatt im Millimeterabstand anbringen und gut abrollen. Nun wird gleich mit Dunkelrot schattiert. Dunkelrot wird ganz sparsam verwendet. Die gestrichelten Linien auf dem Arbeitsbogen zeigen dies. Das gelbe Blütenteil wird dreifach auf die Blüte gelegt und angedrückt. Anschließend die Blüte mit Millimeterband einfassen. Zum Schluss mit Wachslack versiegeln. Zum Säubern des Spiegels verwenden Sie Wattestäbchen, die mit Waschbenzin getränkt sind, dann mit Haushaltsspiritus blank wischen.

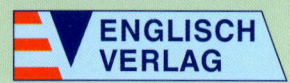